Kulinarische Weltreise

glutenfrei - vegan - gesund

Leckere Vollwert-Rezepte aus 24 Kulturen der Welt

Bibliografische Information der Deutschen Nationalbibliothek:
Die Deutsche Nationalbibliothek verzeichnet diese Publikation in der Deutschen Nationalbibliografie;
detaillierte bibliografische Daten sind im Internet über dnb.dnb.de abrufbar

Idee, Design & Fotografie: Nina do Sol

Verlag: BoD · Books on Demand GmbH, In de Tarpen 42, 22848 Norderstedt
Druck: Libri Plureos GmbH, Friedensallee 273, 22763 Hamburg
1. Auflage, Oktober 2024
ISBN: 978-3-7693-0523-4

Leckere Vollwert-Rezepte aus fünf Kontinenten mit ansprechenden Farbfotos.
Alle Rezepte sind 100% plant-based, glutenfrei, ei- und laktosefrei.

In diesem Kochbuch werden auf Ersatzprodukte,
wie Tofu, Seitan, Sojaprotein und Co bewusst verzichtet.

Die Zutaten sind leicht erhältlich,
die Rezepte einfach, vollwertig gesund und schnell zu kochen.

Ein köstlicher und vielseitiger Einstieg in die vegane Küche.

Try it!

Inhalt

Vorwort – warum vegan?

Drei Aspekte sprechen für einen Fokus auf vegane Ernährung:
Umwelt, Ethik und Gesundheit.

1. Die Produktion von Fleisch und Milchprodukten erfordert einen hohen Verbrauch natürlicher Ressourcen, weitaus mehr als pflanzliche Nahrung.
Insbesondere der Wasserverbrauch ist eklatant und inzwischen gibt es dazu auch offizielle Zahlen des Bundesministeriums für Umwelt und Naturschutz:
Der Verbrauch von kostbarem Wasser liegt für die Produktion von 1 kg Rindfleisch bei rund 15.000 Litern. 1 kg Schweinefleisch hat eine Wasserbilanz von rund 6000 Litern, 1 kg Huhn etwa 4000 Liter und für die Erzeugung von 1 kg Eiern, oder auch 1 kg Käse sind jeweils gut 3000 Liter notwendig. Die Produktion von 1 kg Gemüse im Vergleich dazu liegt bei nur 200 – 400 Litern.[1]
Auch der CO_2 Ausstoß ist nicht unerheblich: Studien einer Umweltbilanz zufolge belastet die Produktion von einem Kilogramm Rindfleisch oder Käse das Klima so stark, wie rund 250 Kilometer Autofahrt mit einem durchschnittlichen PKW. [2]
Sowohl für den Fleisch-Konsum oder für die Herstellung von Milchprodukten und Eiern bekommen Tiere in vielen Fällen Behandlungen mit Antibiotika und Hormonen, die nicht selten wieder in den Umweltkreislauf gelangen.

2. Einige Dokumentarfilme, wie „Earthlings", (2005) und „Live and Let Live" (2013), geben Einblicke über die schockierende Missstände vielmals in der Massentierhaltung, sowie der Wahrheit hinter Billigproduktion von Fleisch, Milchprodukten und Eiern. Die Bilder sprechen für sich und regen an, über die ethischen Konsequenzen unseres Konsums nachzudenken.

3. Oft hört man die Meinung, vegan zu leben sei ungesund. Aktuelle Studien zeigen jedoch: Das Gegenteil ist der Fall. Bücher, wie „Peace Food" des Arztes Rüdiger Dahlke (S.64/2) und
„China Study – Die wissenschaftliche Begründung für eine vegane Ernährungsweise" des Professors für Biochemie Thomas M. Campbell (S.64/1) zeigen: Vegane Ernährung schützt vor vielen Krankheiten, vorausgesetzt, man ernährt sich vollwertig vegan. Dazu gehören abwechslungsreicher Verzehr von Obst und Gemüse, Hülsenfrüchten, gesunden naturbelassenen, möglichst ursprünglichen und glutenfreien Getreidesorten, nativen Ölen und frischen Kräutern.
Vitamin B12 (flüssiges Methylcobalamin & Adenosylcobalamin) ist laut Ärzten und Ernährungswissenschaftlern eine sinnvolle Nahrungsergänzung, da es bei einer veganen Ernährung, aber oft auch bei normaler Ernährung in zu geringem Maße vorhanden ist. (S.64/4). Des Weiteren ist eine Supplementierung von Omega 3 bei veganer Ernährung sinnvoll, dies kann zum Beispiel durch spezielle Algenöle, Leinöle oder Leinsamen erfolgen.

Welche Auswirkungen ein übermäßiger Verzehr von Fleisch und Wurst haben kann, zeigen die Dokumentarfilme „What the Health" (2017) und „Gabel statt Skalpell - gesünder leben ohne Fleisch " (2015).

---

1 „Konsum und Ernährung" vom Bundesministerium für Umwelt und Naturschutz: https://www.bmu.de/themen/ wirtschaft-produkte-ressourcen-tourismus/produkte-und-konsum/produktbereiche/konsum-und-ernaehrung/ (abgerufen am 1.12.2019)

2 „Wie Steaks das Klima belasten" https://www.wissenschaft.de/umwelt-natur/wie-steaks-das-klima-belasten/ (abgerufen am 1.12.2019)

Ferne Länder haben mich schon immer inspiriert - künstlerisch, kulturell und auch kulinarisch. Auffallend war, dass die meisten traditionelle Rezepte aus den Ländern dieser Welt typischerweise Fleisch, Eier oder Milchprodukte enthalten. Einige Gerichte im Buch, vor allem aus dem asiatischen Raum, sind auch in der originalen Version bereits frei von jeglichen Tierprodukten. Viele der Rezepte habe ich für dieses Buch so angepasst, dass sie auch als vegane Variante gut gelingen, dem Original ähneln und lecker schmecken.

Bei der Umsetzung der Rezepte lege ich Wert auf die Verwendung alternativer Getreide-sorten wie Hirse, reinem Hafer, Buchweizen, Reis, Mais und Quinoa. Sie sind nicht nur frei von Gluten, sondern enthalten auch viele wertvolle Mineralien.
Einige Rezepte aus diesem Buch enthalten Reis. Dieser kann auch durch klein geschredderten rohen Blumenkohl ersetzt werden.

Selbstverständlich ist es wichtig, beim Kauf aller Produkte auf Bioqualität zu achten, um auch die Aufnahme von Pestiziden, genmanipulierten Nahrungsmitteln und künstlichen Geschmacksverstärkern zu minimieren.
Kurze Gemüse-Garzeiten, wie in den Speisen der asiatischen Küche üblich, sorgen für den Erhalt wertvoller Vitamine.
Bei Gerichten mit längeren Garzeiten liefern frische Salate als Beilage eine gesunde und vitaminreiche Ergänzung.

Als Proteinlieferanten dienen Hülsenfrüchte wie Bohnen, Linsen, Erbsen, Kichererbsen. In weiten Teilen Asiens gehören Linsen und Kichererbsen in die alltägliche Küche. In den meisten Ländern Lateinamerikas sind Bohnen und Reis Grundnahrungsmittel. Schwarze Bohnen sowie braune Linsen enthalten sogar mehr Eisen als Rindfleisch. Hülsenfrüchte sind allgemein sättigend und stärkend. Gute Eisenlieferanten sind auch Kürbiskerne, Sesam, Pistazien, Leinsamen, Haferflocken, Hirse, Quinoa und Amaranth. Für die beste Aufnahme von Eisen sollte dazu Vitamin C haltiges Obst und Gemüse gegessen werden.
Viele Rezepte im Buch beinhalten Nüsse und Samen mit wichtigen Mineralien und Fettsäuren. Aus gemahlenen Lein-, Chia- oder Flohsamen mit etwas Wasser vermischt kann übrigens ein toller Ersatz für Ei gezaubert werden, da diese Mischung eine ähnliche Konsistenz hat.

Salz sei nicht gesund, hört man oft, doch bezieht sich diese Information vor allem auf raffiniertes Salz. Der Konsum von naturbelassenem Steinsalz in Maßen hingegen ist ein Lieferant vieler Mineralien.
Statt weißem raffinierten Zucker können Dattelsirup, Ahornsirup, Agaven-Dicksaft, Birkenzucker, Zuckerrübensirup oder Apfeldicksaft verwendet werden.

Wichtig beim Kochen sind möglichst frische Kräuter und Gewürze. Wenn diese den Speisen das volle Aroma verleihen, dann steht die vegane Küche der herkömmlichen Küche auch geschmacklich in nichts nach.

viel Freude beim Kochen!

Nina do Sol

Hülsenfrüchte	Einweichzeit ca.	Kochzeit normal ca.	Dampfkochtopf ca.
Rote und gelbe Linsen	-	10 Min.	4 Min.
Beluga, Puy, Berglinsen	-	20 Min.	7 Min.
Braune Tellerlinsen	-	30 Min.	10 Min.
Erbsen, geschält	-	30 Min.	10 Min.
Erbsen, ungeschält	12 Std.	60 Min.	20 Min.
Kichererbsen	12 Std.	90 Min.	30 Min.
Schwarze Bohnen	12 Std.	60 Min.	20 Min.
Kidneybohnen	12 Std.	60 Min.	20 Min.
Azukibohnen	12 Std.	30 Min.	10 Min.
Pintobohnen	12 Std.	60 Min.	20 Min.
Kleine weiße Bohnen	12 Std.	60 Min.	20 Min.
Riesenbohnen	12 Std.	120 Min.	40 Min.

Hinweise fürs Kochen

Noch ein paar wichtige Hinweise vorweg:

Alle Rezept-Angaben in diesem Buch gelten in etwa für 2 Personen.

Viele Rezepte enthalten Hülsenfrüchte, denn sie sind ein wertvoller Lieferant von Proteinen und Mineralstoffen.

Die kleineren **Linsen** und **geschälte Erbsen** müssen nicht eingeweicht werden, und haben kurze Kochzeiten (siehe Tabelle links). Noch schneller geht es mit dem Dampf-Kochtopf, womit sich die Kochzeit etwa um ein Drittel reduziert.

Bei **Kichererbsen** und **Bohnen** ist das Kochen etwas aufwändiger.
Die trockenen Hülsenfrüchte müssen zuvor ca. 12h mit der 3-fachen Menge Wasser eingeweicht werden. Das Einweichwasser sollte vor dem Kochen weggeschüttet und die Hülsenfrüchte noch einmal mit frischem Wasser gespült werden.
Danach brauchen Kichererbsen rund 60 Min., um gar zu werden, Bohnen je nach Größe zwischen 60 und 120 Min. (siehe Tabelle).

Auch hier verringert der Dampfdruck-Kochtopf die Kochzeit um etwa ein Drittel.

Noch schneller geht die Zubereitung der Gerichte mit vorgekochten Bohnen oder Kichererbsen aus dem Glas, die üblicherweise in besser sortierten Supermärkten oder Bioläden erhältlich sind. Jedoch ist der Vitamin- und Mineralstoffanteil bei den industriell gekochten Hülsenfrüchten in der Regel geringer. Hülsenfrüchte aus Dosen sollten wegen möglichen Aluminium Rückständen generell vermieden werden.
Bohnen und Erbsen sollten wegen ihrem Gehalt an Purin von Menschen die an Gicht leiden, generell nicht verzehrt werden.

Trockene Bohnen, Kichererbsen und Linsen findet man in Deutschland nicht in jedem Supermarkt, jedoch in den meisten Bioläden.

Alle Hülsenfrüchte sollten ohne Salz und Gewürze gekocht und erst nachträglich gewürzt werden. Ein guter Tipp: 1 TL Natron (Natriumbikarbonat) pro Liter in das Einweichwasser geben, dann wirken Hülsenfrüchte nach dem Kochen weniger blähend.

100g getrocknete Bohnen entsprechen etwa 250g gekochten Bohnen, da sie viel Wasser beim Kochen aufsaugen.

Die Mengenangaben im Rezeptbuch beziehen sich jeweils auf die bereits gekochten Bohnen / Kichererbsen.

Australien

Vegane Pancakes
aus Hafer, Mais oder Buchweizen

Zutaten:

200 g	Gemahlene Haferflocken (oder: Maismehl / Buchweizenmehl)
200 ml	Hafer-Drink (oder: Mandel-Drink)
100 ml	Mineralwasser mit Kohlensäure
1 Prise	Meersalz oder Steinsalz
1 EL	Öl
1 EL	Dattelsirup (oder: Ahornsirup)
300 g	Obst der Saison
10	Macadamianüsse (optional)

Mehl, Hafer-Drink oder Mandel-Drink, Mineralwasser und einer Prise Salz

Öl in die Pfanne geben und erhitzen. Dünne Pfannkuchen von beiden Seiten goldbraun ausbraten.

Schließlich mit frischem Obst, Macadamia und Sirup servieren.

Brasilien

Açai-Beeren Bowl
mit Cashew-Crunchy Topping

Zutaten:

100 g	Açai-Püree *[assa-i]*
	(oder: Heidelbeeren)
1	Banane
2	Orangen (Saft)
½	Limette / Zitrone

Topping:

50 g	Hafer Crunchy
	(oder: Paranüsse, zerkleinert)

Saft der Orangen und Limette/Zitrone auspressen. Das restliche Obst zusammen mit dem Saft in einem Mixer fein pürieren.
Crunchy oder Cashewkerne darauf streuen.

Tip: Für die heimische Variante kann man alternativ zu Açai auch Blaubeeren verwenden. Wer die leckere Bowl noch aufwerten möchte, kann Ingwer, Moringa, Gerstengraspulver, Spirulina oder andere Superfoods mit dazu mixen.

Feijoada vegana
Bohneneintopf mit Grünkohl & Reis

Zutaten:

400 g	schwarze Bohnen, gekocht
1-2	Karotten
1	Rote Beete
3	Knoblauchzehen
1	Prise Chili
1	Lorbeerblatt
	Steinsalz
700 ml	Gemüsebrühe
8	Blätter Grünkohl
200 g	Reis
1 Scheibe Orange	

Bitte die Hinweise zum Kochen von Bohnen auf Seite 11 beachten.
2 Knoblauchzehen fein hacken und kurz anbraten. Karotten und rote Beete schälen und in mittelgroße Stücke schneiden und hinzufügen, die bereits gekochten Bohnen dazu geben, mit Gemüsebrühe auffüllen.
Salz, Lorbeerblatt und Chili dazu und alles bei geöffnetem Topf ca. 15 Min. köcheln lassen.

Den Grünkohl in feine Streifen schneiden, mit 1 gehackten Knoblauchzehe anbraten und dann mit etwas Brühe oder Wasser ablöschen. Ca. 5 Min. köcheln lassen.

Reis nach Anleitung mit Salz kochen.
Mit Reis, Grünkohl und Orangen servieren.

China

Yu Xiang Qie Zi
Pikante Aubergine mit Paprika

Zutaten:

1	Aubergine
1	rote Paprika
2 cm	Ingwer
1	Knoblauchzehen
1	Lauchzwiebel
2 EL	Sojasoße (ohne Glutamat)
1 EL	Rohrohr-Zucker
	(oder: Agavendicksaft)
1 EL	Apfelessig (od: Weinessig)
1 EL	Stärkepulver
2 EL	Sesamöl
	(oder: Sonnenblumenöl)
1 El	Sesam zum Bestreuen
200g	Jasmin-Reis
	Steinsalz

Die Auberginen in dünne scheiben schneiden und mit 1 EL Öl in der Pfanne goldbraun braten. Ingwer, Knoblauch und Lauchzwiebeln hacken, dazugeben und anbraten.

Für die Soße die Stärke mit Wasser glatt rühren. Sojasoße, Zucker, Essig, 1 EL Öl miteinander verrühren und dann mit der Stärke-Mischung glatt rühren.

Die Soße auf das Gemüse gießen und einmal schnell und heiß aufkochen lassen, damit die Stärke abbindet.
Falls wenig Soße übrig bleibt, etwas Wasser dazugeben und erneut köcheln lassen, bis es beginnt, anzudicken.

Reis nach Anleitung mit Salz kochen.

Alles gut mischen, mit frischem Koriander und Sesam bestreuen und mit gekochtem Reis servieren.

Herkunft:
Auberginen, Blumenkohl, Zimt, Orangen und Zitronen stammen ursprünglich aus Asien.

Deutschland

Sellerie-Schnitzel
mit Rosmarinkartoffeln & Salat

Zutaten:

1/2	Sellerie (Knolle)
500 g	Kartoffeln
50 g	Hafermehl
2 TL	Leinsamen, geschrotet
2	Knoblauchzehen
3 EL	Sonnenblumenöl
	Rosmarin,
	Steinsalz und Pfeffer
	Salat-Blätter

Sellerie-Knolle und Kartoffeln ca. 30 Min. kochen lassen. Danach schälen und in Scheiben schneiden.

Das Leinsamen-Mehl mit etwas Wasser ver-mischen und 1 Minute warten, bis sich die Konsistenz ändert und ähnlich einem rohen Ei ist. Knoblauch geschält und zerdrückt dazu geben und mit Salz und Pfeffer würzen.

Die Sellerie-Scheiben erst in der Leinsamen-Mischung und im Anschluss im Hafermehl wälzen. Danach in der Pfanne mit etwas Öl braten.

Gekochte und geschälte Kartoffeln in scheiben schneiden, mit Salz und Rosmarin würzen und kurz in der Pfanne mit Öl anbraten. Mit frischem Salat servieren.

Herkunft:
Sellerie und Rosmarin stammen ursprünglich aus Europa.

Ecuador

Süßkartoffel

mit Quinoa & Blattspinat

Zutaten:

300 g	Baby Blattspinat (oder: anderes Blattgrün)
1-2	Süßkartoffeln
50 g	Quinoa
150 ml	Wasser
1 EL	Chia Samen (optional)

Soße:

1	Knoblauchzehe
1 EL	Sesammus
2 EL	Olivenöl
1	Zitrone
1 Prise	Steinsalz

Blattspinat waschen.

Süßkartoffel mit Schale kochen, dann schälen und würfeln.

Quinoa gründlich waschen, um die Bitterstoffe zu lösen.
Quinoa mit 150 ml Wasser für 10 Minuten kochen lassen.
Im Anschluss 10 Min. quellen lassen.

Für die Soße alle Zutaten (Sesammus, Olivenöl, Salz, Zitronensaft und Knoblauch in ein Glas füllen und mit einem Handmixer pürieren.

Gekochte Süßkartoffel und Quinoa auf den rohen Blattspinat schichten und die Soße darüber geben.

Herkunft:
Süßkartoffeln, Quinoa und Amaranth stammen ursprünglich aus Südamerika

Frankreich

Ratatouille
mit Kräutern der Provence

Zutaten:

2	rote / gelbe Paprika
1	Zucchini
1	Aubergine
4	Tomaten
1	Zwiebel
5 EL	Rotwein
3 EL	Olivenöl
20 g	Sonnenblumenkerne
2 EL	Kräuter der Provence: Thymian, Rosmarin, Oregano, Bohnenkraut, Lavendel, Majoran
200 g	Reis (oder: Buchweizen) Steinsalz und Pfeffer

Zwiebel klein schneiden und in Olivenöl anbraten.
Gemüse in grobe Stücke schneiden, zu den Zwiebeln geben und ebenfalls kurz anbraten. Mit Rotwein ablöschen.
Kräuter der Provence , Salz und Pfeffer dazu geben und ca. 20 Min. köcheln lassen.

Reis oder Buchweizen mit Salz nach Anleitung bissfest kochen.

Ratatoullie Gemüse mit Beilage servieren und mit Sonnenblumenkernen bestreuen.

Mousse au Chocolat
mit Avocado & Cacao

Zutaten:

1-2	Avocados
3 EL	pures Cacao-Pulver
4 EL	Hafer-Drink (oder: Mandel-Drink)
5 EL	Dattelsirup (oder: Agavendicksaft)
20 g	Haselnüsse (od: Mandeln)

Avocado, Kakao, Pflanzen-Drink und Sirup in ein Gefäß und mit dem Handmixer verrühren, bis sich eine moussige Konsistenz bildet.

In ein Dessert-Glas füllen und mit gehackten Haselnüssen oder Mandeln bestreuen.

Griechenland

Gigantes Fournou
Weiße Riesenbohnen aus dem Ofen

Zutaten:

200 g	Weiße Riesenbohnen, gekocht (oder: kleine weiße Bohnen)
4	Tomaten
1	Zwiebeln
1-2	Karotten
50 g	Olivenöl, nativ
1	Knoblauchzehe
1 TL	Thymian
1 TL	Oregano
1/2 TL	Reissirup (oder andere Süße)
	Steinsalz und Pfeffer

Beilage:

200 g	Gurke und Salat
6 Scheiben glutenfreies Brot	

Zwiebeln, Knoblauch und Karotten klein schneiden. Zusammen mit Thymian und Oregano in etwas Olivenöl leicht anbraten.

Die gewürfelten Tomaten dazu geben und 10 Min. köcheln lassen.

Zum Schluss die weißen Bohnen dazu geben. Alle Zutaten in ein Keramikform geben und im Backofen bei 160°C ca. 20 Minuten schmoren lassen.

Restliches Olivenöl darüber geben.

Mit Salat, Gurke und Brot servieren.

Anleitung für glutenfreies Brot auf Seite 60.

Honduras

Anafre de Nachos
Bohnencreme mit Maischips

200 g	Bio Nachos / Tortilla Maischips

Zutaten für den Bohnen-Dip:

400 g	Schwarze Bohnen, gekocht (oder: braune Bohnen)
3	Knoblauchzehen
	Steinsalz
1 Prise	Jalapeño (oder: Chilipulver)
2 EL	Sonnenblumenöl, natives
1 Pck.	Veganer Frischkäse (auf Mandelbasis) - optional

Zutaten Tomaten-Dip:

2	Tomaten
1	Schalotten
1	Limetten
½	Chilischote
	Steinsalz

Bitte die Hinweise zum Kochen von Bohnen auf Seite 11 beachten!
Die gekochten Bohnen, Knoblauch, Salz, Öl, und Jalapeño / Chili in ein Gefäß füllen und mit dem Handmixer pürieren.

Optional kann noch veganer Frischkäse dazu gemixt werden.

Mit frischen Gemüsestreifen und Mais-Nachos servieren.
Die Bohnenpaste eignet sich als leckerer, reichhaltiger Dip.

Dazu passt ein würziger Tomaten-Dip:
Die Tomaten waschen und in kleine Würfel schneiden, die Schalotten schälen und fein hacken. Limettensaft dazu geben, die Chilischote in kleine Ringe schneiden. Alles vermischen und mit Salz abschmecken.

Batido de Plátano
Veganer Bananenshake mit Yams

Zutaten:

2	reife Banane
1-2	Yamswurzeln
150 ml	Wasser

Rohe Yamswurzel schälen und zerkleinern, Bananen dazu geben und mit Wasser auffüllen.
Alle Zutaten mit einem Hochleistungs-Mixer fein pürieren und in Gläsern servieren.

Indien

Aloo Potato Curry

Zutaten:

300 g	Kartoffeln mit Schale
1	Rote Paprika
1-2	Zwiebeln
500 ml	Gemüsebrühe
1 TL	Kumin-Pulver
1 TL	Kurkuma- Pulver
etwas	Chili
2 Stan.	Korianderkraut, frisch
	Salz und Pfeffer

Gewürze kurz in Öl anbraten. Zwiebel fein hacken und anbraten. Rote Paprika in Stückchen schneiden und auch kurz anbraten. Kartoffeln mit Schale würfeln, kurz anbraten und mit Gemüsebrühe oder Wasser auffüllen und köcheln lassen. Wenn die Kartoffeln weich sind, mit frischem gehackten Korianderkraut bestreuen und zusammen mit gekochtem Basmati-Reis und frischem Ingwer servieren.

Mandel-Kokos-Curry

½	Blumenkohl
2-3	Karotten
2 TL	Madras Currypulver
½	Apfel
1 EL	Zitronensaft
1	Zwiebel
50 ml	Gemüsebrühe
100 ml	Kokosmilch
	Steinsalz & Pfeffer
50 g	Mandeln, gehobelt

Zwiebel fein würfeln mit etwas Öl andünsten. Gemüse in Stücke schneiden, mit Salz und Curry würzen und anbraten. Gemüsebrühe und Kokosmilch dazugeben und ca. 5 Minuten köcheln lassen. Apfel schälen und in dünne Scheiben schneiden, mit Zitronensaft beträufeln. Zum Schluss die Apfelscheiben hinzufügen. Mit Salz und Pfeffer abschmecken und mit Reis servieren. Gehobelte Mandeln darüber streuen.

Chana Masala Curry

300 g	Kichererbsen, gekocht
300 g	gehackte Tomaten
1	Zwiebel
2	Knoblauchzehen
3 EL	Öl
2 cm	Ingwer, frisch
	Steinsalz & Pfeffer
2-3 EL	Korianderkraut frisch
1 TL	Kumin/Kreuzkümmel
½ TL	(je) Chili, Kurkuma, Curry, Koriandersamen, Kardamom oder:
2 TL	Garam Masala Gewürz

Zwiebel und Knoblauch fein hacken und in Öl anbraten. Mit den Tomaten ablöschen, Ingwer fein hacken und dazugeben. Die Kichererbsen mit in die Pfanne geben und mit den Gewürzen gut abschmecken. Bei geschlossenem Deckel ca. 10 Min. köcheln lassen.

Die Indische Küche hat eine große Bandbreite, Häufig findet man in indischen Restaurants das sogenannte Thali. Das sind drei oder mehr unterschiedliche Gerichte in kleineren Portionen. Alle drei Gerichte werden mit Basmati-Reis serviert.

Japan

Harusame-Nudeln
mit Karotten und Kohl

Zutaten:

200 g	Harusame Glas-Nudeln (oder: Reisnudeln)
1	Zwiebel
½	Weißkohl
2	Karotten
2	Frühlingszwiebeln
2 EL	Sonnenblumenöl
5 EL	Sojasoße (Glutamat-frei)

Nudeln nach Anleitung kochen.

Zwiebel fein hacken und in Öl anbraten. Weißkohl in feine Scheiben schneiden. Karotten und Frühlingszwiebeln in Stückchen schneiden und kurz alles zusammen für ein paar Minuten anbraten.

Nudeln mit Gemüse mischen und Sojasoße darüber gießen.

Hokkaido-Suppe
mit Kürbis und Kokos

Zutaten:

600 g	Hokkaido-Kürbis
1-2	Karotten
1-2 cm	Ingwer
1	Knoblauchzehe
1	Zwiebel
2 EL	Öl
250 g	Gemüsebrühe
100 ml	Orangensaft
100 ml	Kokosmilch
1/2	Zitrone
	Salz
	Chili oder Pfeffer

Zwiebel, Knoblauch, Ingwer fein hacken. Mit Öl anschwitzen.
Den Hokkaido-Kürbis mit Schale, aber ohne die Kerne, sowie die Karotten in Stücke schneiden und dazu zugeben. Gewürze zugeben und mit der Brühe auffüllen. Etwa 20 Min. weich kochen.

Anschließend alles pürieren.

Orangen und Kokosmilch zugeben und unterrühren.

Mit Salz, Zitronensaft und Chili/Pfeffer abschmecken,

Kenia

Sukuma Wiki

Afrikanisches Gemüse mit Ugali oder Reis

Zutaten:

250 g	Grünkohl (ohne Strunk) oder frischer Spinat
1	Zwiebel
1	Knoblauchzehe
2-3	Tomaten
2 EL	Öl
3 EL	Erdnüsse (gehackt) oder Erdnussbutter
100 ml	Gemüsebrühe oder Wasser
1/2 TL	Kurkuma (gemahlen)
1/2 TL	Koriander (gemahlen)
1/2 TL	Kumin (gemahlen)
1/2	Zitrone
	Steinsalz & Pfeffer

Zwiebel fein hacken und anbraten. Knoblauch, Salz und Gewürze (Kurkuma, Koriander, Kumin, Pfeffer) hinzufügen.

Grünkohlblätter bzw. Spinat fein hacken und hinzugeben. Mit Gemüsebrühe oder Wasser ablöschen und ca. 10 Min. köcheln lassen.
Ab und zu umrühren.

Tomaten fein hacken und hinzugeben. Erdnüsse / Erdnussbutter hinzufügen. Mit etwas Zitronensaft beträufeln und mit Salz abschmecken.

Mit Ugali-Maisbrei (Rezept unten) oder gekochtem Reis servieren.

Ugali (Maisbrei):

300 ml	Wasser
100 g	Maismehl (weiß)
1 TL	Öl
	Steinsalz

Wasser mit Öl aufkochen. Maismehl unter rühren dazu geben, erneut kurz zum Kochen bringen bis sich ein Brei ergibt.

Libanon

Herkunft: Linsen, Zwiebeln und Kichererbsen stammen ursprünglich aus dem Orient.

Tabouleh
Bulgur-Salat mit Petersilie

Zutaten:

50 g	Bulgur aus Buchweizen
50 ml	Gemüsebrühe
100 g	Tomaten
1	Frühlingszwiebeln
½	Zitrone
1 Tl	Agavendicksaft
4 El	Olivenöl
30 g	Petersilie
4 Stiele	Minze
	Steinsalz und Chili

Bulgur mit heißer Brühe übergießen und abgedeckt 5 Min. quellen lassen. Tomaten klein würfeln. Frühlingszwiebeln putzen, längs vierteln und fein würfeln. Beides in eine Schüssel geben. Mit Salz, Chili, Zitronensaft und Honig würzen. Öl untermischen. Bulgur mit einer Gabel auflockern und untermischen.

Minzblätter und Petersilienblätter abzupfen & fein hacken.
Dann unter die Tomaten-Bulgur-Mischung heben.

Mujaddara-Linsen
mit Karamell-Zwiebeln & Kichererbsen-Hummus

Zutaten für Mujaddara-Linsen:

100 g	Tellerlinsen, getrocknet
100 g	Basmati-Reis
1-2	Zwiebeln
4 EL	Olivenöl
1 EL	Rohr-Zucker
2	Knoblauchzehen
4 EL	Pinienkerne (optional)
	Salz & Cayenne-Pfeffer

Zutaten für Hummus:

250 g	Kichererbsen, gekocht
200 g	Tahin Sesammus
100 ml	kaltes Wasser
2	Knoblauchzehen
1	Zitrone, Saft
½ TL	Steinsalz & Kumin (je)

Linsen ca. 20-30 Min. kochen und dann mit Salz und Cayennepfeffer würzen. Zwiebeln mit der Faser in Streifen schneiden. Öl in einer großen Pfanne erhitzen, die Zwiebeln hineingeben, mit dem Zucker karamellisieren lassen, bis sie goldbraun sind. Dabei die Zwiebeln immer wieder in der Pfanne wenden.

Reis nach Anleitung mit Salz und gehacktem Knoblauch kochen.

Für den Hummus alle Zutaten in einem Mixer fein pürieren.
Reis mit Linsen, Hummus und Linsen servieren, Pinienkerne darüber streuen.

Mexiko

Herkunft:
Avocado und Paprika
stammen ursprünglich
aus Mittelamerika.

Chili Sin Carne
Pikanter Bohneneintopf ohne Fleisch

Zutaten:

200 g	Kidneybohnen, bereits gekocht
150 g	Gemüse-Mais
1	Zwiebel
1	Knoblauchzehe
1	rote Paprika
1-2	Kartoffel
1 EL	Sonnenblumenöl
200 g	Tomaten, passiert
200 ml	Gemüsebrühe
	Chili
	Paprikapulver
	Steinsalz und Pfeffer

Bitte die Hinweise zum Kochen von Bohnen auf Seite 11 beachten.

Zwiebel und Knoblauch klein schneiden und in einem großen Topf in Öl anbraten.

Die Kartoffeln schälen, in kleine Würfel schneiden und dazu geben. Mit der Gemüsebrühe ablöschen und 10-15 Minuten köcheln lassen. Danach gekochte Kidneybohnen, Mais und passierte Tomaten unterrühren. Mit Salz, Pfeffer, Paprika und Chilipulver kräftig würzen.
5 Min. weiter köcheln lassen.
Mit gluten-freiem Brot servieren.

Guacamole
Würziger Avocado Dip

Zutaten:

2	Avocados
1	Tomate
1	Zwiebel
1	Knoblauchzehe
½	Zitrone
	Steinsalz und Pfeffer

Avocados schälen, halbieren und entkernen. Anschließend das Fruchtfleisch mit einer Gabel zerdrücken.
Tomaten häuten und in kleine Würfel schneiden. Saft der Zitronenhälfte auspressen und zu den restlichen Zutaten geben. Zwiebel und Knoblauchzehe fein hacken und dazu geben. Alle Zutaten gut verrühren oder mixen.
Mit Salz und Pfeffer abschmecken.

Niederlande

Blumenkohl-Auflauf
mit Kartoffeln & Sauce Hollandaise

Zutaten:

½	Blumenkohl
400 g	Kartoffeln
300 ml	Gemüsebrühe

Für die Sauce Hollandaise:

150 g	Cashewsnüsse
2 TL	Zitronensaft
1 TL	Senf
1 TL	Weißwein-Essig
1 EL	Bierhefeflocken
1	Knoblauchzehe
250 ml	Wasser
½ TL	Kurkuma
½ TL	Steinsalz
Prise	Pfeffer & Muskat
200 g	veganer Käse z.B: auf Mandelbasis zum Überbacken

Kartoffeln schälen, in Scheiben schneiden und für 15-20 Min. in Salzwasser gar kochen. Blumenkohl zerkleinern und ca. 10 Min. in Gemüsebrühe kochen.

Cashewnüsse in kochendes Wasser legen und 1 Std. einweichen und anschließend abtropfen lassen.
Die eingeweichten Cashewnüsse zusammen mit den Bierhefeflocken, Zitronensaft, Essig, Wasser, Kurkuma, Senf, Knoblauch, Salz und Gewürzen in den Mixer. Fein pürieren. Anschließend unter rühren leicht erhitzen (nicht kochen!), damit die Soße andickt.

Kartoffeln und Blumenkohl in eine Auflaufform schichten und die Sauce darüber gießen. Nach Bedarf veganen Käse darüber streuen.
Bei 180°C ca. 10 Min. überbacken.

Österreich

Deftige Erbsensuppe

Zutaten:

500 g	Erbsen, geschält
2	Kartoffeln
1	Karotte
1	Zwiebel
½	Lauch
500 ml	Gemüsebrühe
1 EL	Olivenöl
	Salz & Pfeffer
	Petersilie

Kartoffeln, Karotten, Zwiebeln, Lauch in kleine Stücke schneiden. Mit Olivenöl in einem großen Topf unter Rühren anbraten.
Gemüsebrühe dazugeben und zum Kochen bringen. Die gekochten Erbsen dazugegeben und ca. 10 Min. köcheln lassen.
Sobald die Erbsen weich sind, alles mit dem Handmixer pürieren bis eine cremige Suppe entsteht.
Anschließend mit Salz, Pfeffer und Petersilie würzen und mit Brot servieren.
(Glutenfreies Brotrezept auf Seite 60).

Apfelkuchen mit Zimt

Zutaten:

200 g	Walnüsse (oder: Mandeln)
200 g	Haferflocken
400 g	Apfelmus
200 g	Datteln
2 EL	Öl
2	Äpfel
	Zimt

Walnüsse / Mandeln und Haferflocken in den Mixer geben und zu Mehl zerkleinern. Datteln ebenfalls in den Mixer und pürieren. Apfelmus, zerkleinerte Datteln und das Nussmehl vermischen.

Eine runde Form fetten und mit etwas Hafermehl bestreuen. Den Teig darauf verteilen.

Apfel entkernen und in dünne Scheiben schneiden. Den Teig mit den Äpfeln bedecken und mit Zimt bestreuen.
Im vorgeheizten Ofen bei 160° C für 20 Min. backen.

Peru

Papa Rellena
Gefüllte Kartoffel mit Salsa Criolla

Zutaten:

2	große Kartoffeln
3	Tomaten
1	rote Zwiebel
1	Knoblauchzehe
50 g	Kidneybohnen, gekocht oder: Jackfruitfleisch
½	Paprika
½	Brokkoli
10-20	Rosinen
5	schwarze Oliven
	Aji oder Chili
	Steinsalz

Für die Salsa Criolla:

1	rote Zwiebel
½	Limette / Zitrone
½	Aji, Chili- oder Paprikaschote Korianderkraut, frisch Steinsalz

Zwiebel in feine Scheiben
schneiden und mit Salz bestreuen.
10 Min. ziehen lassen.
Dann das Salzwasser weggießen.
Saft der Limette/ Zitrone auspressen
und hinzugeben.
Aji / Chili / Paprika, sowie Korianderkraut
fein hacken und dazu geben.
Alles mischen.

Kartoffeln kochen.

Für die Kartoffelfüllung:
Zwiebeln und Knoblauch fein hacken
und in etwas Öl anbraten.
Gekochte Bohnen / zerkleinerte Jackfruit
dazu geben und kurz anbraten.
Tomaten hacken und dazu geben.
Paprika, Brokkoli, Rosinen und Oliven
hacken und dazu geben.
Alles kurz dünsten.
nach Belieben mit Salz
und Aji / Chili würzen.

Die gekochte Kartoffel halbieren,
Mit einem Löffel etwas aushöhlen
und die fertige Füllung darüber geben.
Mit Salsa Criolla servieren.

Herkunft:
Die Kartoffel, die Tomate,
Erdnuss und Kidneybohne
stammen ursprünglich aus
dem Gebiet der Anden
in Südamerika.

Qatar

Tharid
Orientalisches Gemüse-Stew

Zutaten:

2	Karotten
1	Zucchini
1	große Kartoffel
1	kleiner Kürbis
1	Zwiebel
1	Tomate
½ TL	Zimt
½ TL	Kardamom
½ TL	Kurkuma
½ TL	Paprikapulver
2 cm	Ingwer
Prise	Chilipulver
2 EL	Öl
50 ml	Tomatenpüree
½	Limette
	Steinsalz & Pfeffer
50 g	Kürbiskerne
	(oder: Pistazien)
Bund	Frisches Korianderkraut
200 g	Reis

Gemüse schälen und in kleine Stücke schneiden.
In einer Pfanne mit Öl, Zimt und Kardamaom kurz anbraten, danach die geschnittene Zwiebel hinzufügen und braten bis sie gold-braun ist.

Ingwer klein schneiden und dazu geben.
Alle restlichen Zutaten und ca. 500 ml Wasser hinzufügen und mit Salz und Pfeffer abschmecken.

Das Stew aufkochen lassen, danach so lange bei schwacher Hitze köcheln lassen, bis Kürbis und Kartoffeln weich sind.

Reis nach Anleitung mit Salz kochen.
Das Gemüse-Stew mit Kürbiskernen/ Pistazien
und Korianderkraut bestreuen und zusammen
mit Reis servieren.

Hinweis:
Rosenblüten eignen sich gut als Tee und Rosenaroma verleiht diversen orientalischen Nachspeisen eine besondere Note.

Rumänien

Ciorbă vegana
Rumänischer Suppeneintopf

Zutaten:

2	Karotten
½	Sellerie -Knolle
1	Zwiebel
3	Tomaten
2	Weißkraut-Blätter
1	Paprika
2 EL	Öl
½	Lauch
200 g	weiße Bohnen, gekocht
1 TL	Paprika-Pulver (edelsüß)
	Steinsalz
4 EL	Ayvar Paprikapaste
1 EL	Dill
2 EL	Apfelessig
1 L	Wasser
etwas	Petersilie
200 g	Veganer Frischkäse (optional)

Zwiebeln fein hacken und in Öl anbraten. Das Gemüse in Stücke hacken und zu den Zwiebeln geben. Unter Rühren andünsten.

Gewürze und alle restliche Zutaten dazu geben.

Mit Wasser auffüllen.
30 Minuten köcheln lassen.

Nach Belieben veganen Frischkäse unterrühren (für eine cremige Konsistenz) und mit frisch gehackter Petersilie servieren.

Spanien

Andalusische Gazpacho

Zutaten:

500 g	reife Tomaten
1	Paprikaschote
300 g	Gurke
2	Knoblauchzehen
2 EL	Olivenöl
500 ml	Gemüsebrühe, kalt
1 EL	Wein-Essig
	(oder: Zitronensaft)
1	Zwiebel, klein
	Steinsalz & Pfeffer
1 EL	Basilikum
	(oder: Petersilie)
Prise	Tabasco / Chili

Gurke schälen, Paprikaschote und Tomaten putzen. Alle Zutaten sehr fein pürieren.
Mit Salz, Pfeffer und Tabasco würzen (Vorsicht scharf!)
Suppe 1 Std. kalt stellen.

Die kalte Gemüsesuppe in Schalen füllen und nach Bedarf mit getoasteten Brotwürfeln bestreuen.

(Rezept für glutenfreies Brot siehe S.60/61)

Paella vegana

Zutaten:

200 g	Rundkornreis
500 ml	Gemüse-Brühe
5	Tomaten
1	Paprika
100 g	Blumenkohl / Brokkoli
100 g	Erbsen, gekocht
100 g	Gemüse-Mais, gekocht
100 g	Champion-Pilze
1	Zitrone
1	Zwiebel
1	Knoblauchzehe
1	Messerspitze Safran
Prise	Paprika-Gewürz
	Steinsalz
2 EL	Olivenöl

Zwiebeln und Knoblauch fein hacken und mit Olivenöl in einer Pfanne erhitzen.
Tomaten, Paprika, Blumenkohl / Brokkoli hacken,
in die Pfanne geben und 2 Minuten anbraten. Champignons in Scheiben schneiden und dazu geben. Erbsen und Gemüse-Mais dazu geben.

Den Reis und die Gewürze dazugeben und mit der Gemüsebrühe übergießen.
Köcheln lassen bis der Reis fertig gekocht ist.

Die Paella vom Herd nehmen und einige Minuten ruhen lassen.
Zitrone auspressen und den Saft verteilen.

Thailand

Thai - Curry

Zutaten:

Gemüse nach Wahl,
es eignen sich:
- Paprika
- Auberginen
- Karotten
- Blumenkohl
- Brokkoli
- Zwiebeln
- Sprossen
- Bambussprossen
- Zuckerschoten
- Pilze

500 g	frisches Gemüse
400 ml	Kokosmilch
2 TL	Thai Curry Paste
2	Knoblauchzehen
1 TL	Kokosblütenzucker
1 TL	Zitronensaft oder Ingwer
1 St.	*Zitronengras (optional)*
2 St.	*Thai-Basilikum (optional)*
2 St.	*Korianderkraut (optional)*
200 g	Jasmin-/ Langkorn-Reis
	Steinsalz

Thai Curry Paste mit etwas Kokosmilch in einer großen Pfanne oder Wok anbraten.
Zwiebel, Knoblauch und Ingwer klein schneiden und beifügen. Kurz anbraten, danach das restliche Gemüse (bis auf die Sprossen, Thai-Basilikum und Koriander), sowie den Rest der Kokosmilch dazugeben. Alles etwa 5 Minuten kochen lassen.

Danach die Sprossen dazu geben und alles bei geringer Hitze kurz ziehen lassen und dann mit Salz abschmecken.

Zum Schluss das frisch gehackte Thai-Basilikum oder Korianderkraut darüber geben.

Reis nach Anleitung mit Salz kochen.

Thai Curry Pasten gibt es im Asialaden in gelb, grün oder rot, mit jeweils unter-schiedlichen Gewürz-Kombinationen.
Das rote Thai-Curry enthält in manchen Varianten auch etwas Fischsoße.

Herkunft:
Kokos, Ingwer, Mango und Bananen stammen ursprünglich aus Südost-Asien.

USA

Black Bean Burger

Zutaten:

250 g	schwarze Bohnen, gekocht (oder: braune Tellerlinsen)
1	Zwiebel
1-2	Knoblauchzehen
1-2	Karotten
8-10 EL	Haferflocken
1 TL	Soja-soße
2 TL	Olivenöl
½ TL	Kumin
½ TL	Korianderpulver (optional)
Prise	Chilipulver
Prise	Cayenne Pfeffer
	Steinsalz
½	Tomate
2	Salatblätter
½	Gurke
2	Brötchen, glutenfrei

Zwiebeln und Knoblauch fein hacken und mit 1 TL Olivenöl in einer Pfanne anbraten.
Karotten fein reiben und dazu geben. Die restlichen Gewürze, Salz und Pfeffer dazu. Eine Weile gemeinsam anbraten.

Die gekochten Bohnen/Linsen in eine Schüssel geben und den Inhalt der Pfanne zusammen mischen. Soja-Soße dazu geben und mit Haferflocken so lange ergänzen, bis sich eine gut formbare Masse ergibt.

Daraus werden die Burger geformt und 20 Min. in den Gefrierschrank gelegt.
Im Anschluss die Burger in einer erhitzten Pfanne mit 1 TL Olivenöl ausbacken.

Glutenfreies Brötchen aufschneiden und mit Burger, Tomaten, Salat und Gurke abwechselnd belegen.

Tip: Ein gute Alternative zu zuckerhaltigem Ketchup ist Kinderketchup aus dem Biomarkt, das ausschließlich mit Apfeldicksaft gesüßt ist.

Vietnam

Summer Rolls

Zutaten:

6 Blätter Reispapier

Gemüse nach belieben:
- Eisbergsalat
- Paprika
- Karotte
- Sprossen
- Avocado
- Gurke
- Pilze

2 EL   Sojasoße
        (oder: andere Soße
        nach Belieben)

Eine große Pfanne mit Wasser füllen und ein Blatt hartes Reispapier hineinlegen.
Nach circa 20 Sek. ist das Reispapier weich.

Rohes Gemüse in Streifen schneiden und auf eine Hälfte des Reispapiers legen. Seitlich etwas Platz lassen und dann das Reispapier um das Gemüse herum zusammenrollen.

Das feuchte Reispapier klebt leicht zusammen, so dass die Summer Rolls mit dem Gemüse darin umhüllt bleiben.

Zum Dippen eignen sich Sojasoße oder andere Soßen nach Belieben.
(z.B. Soße aus Erdnussbutter, Sojasoße und Ingwer)

Weißrussland

Pilz-Stroganoff

Zutaten:

400 g	Champignon-Pilze
2	Zwiebeln
2	Knoblauchzehen
500 ml	Gemüsebrühe
100 ml	Tomaten, passiert
300 ml	Hafer-Drink / Hafersahne
	oder: Cashewsahne
3 TL	Mehl oder: Stärkepulver
2 EL	Öl
1 Stck	Zitrone
2 EL	Sonnenblumenöl
	Steinsalz & Pfeffer
200 g	Reis (oder: Kartoffeln)

Zwiebeln und Knoblauch fein hacken und in Öl anbraten.
Champignons vierteln, dazu geben und kurz mitbraten. Danach mit Gemüsebrühe ablöschen.

Mehl/Stärke im kalten Hafer-Drink bzw. Hafersahne glattrühren und in die Pfanne geben.
Passierte Tomaten dazu geben und das ganze kurz aufkochen lassen.

Mit Salz, Pfeffer und Zitronensaft abschmecken.

Reis oder Kartoffeln mit Salz als Beilage kochen.

Zimbabwe

Afrikanische Hirsepfanne

Zutaten:

150 g	Hirse
400 ml	Gemüsebrühe oder Wasser
2	Karotten
200 g	grüne Bohnen
1	Paprika
1	Lauch od. Lauchzwiebel
1	Zwiebel
30 g	gehackte Erdnüsse oder: Pistazien
3 EL	Sonnenblumen-Öl
1 TL	Zitronensaft
1	Knoblauchzehe
	Steinsalz
	Paprikapulver

In einem Topf Gemüsebrühe / gesalzenes Wasser aufkochen, Hirse hinzugeben und den Deckel schließen. Bei geringer Temperatur ca. 15-20 Minuten quellen lassen. Die Hirse sollte noch etwas „Biss" haben.

Lauch und Zwiebeln in Öl anbraten. Grüne Bohnen dazu geben und 10-20 Min (je nach Bohnenart) mit etwas Wasser dünsten.

Karotten, Knoblauch und Paprikaschoten hacken und kurz andünsten.

Mit Salz, Zitrone und Paprikapulverabschmecken. Erdnüsse bzw Pistazien darüber streuen. Zusammen mit gekochter Hirse servieren.

Herkunft:
Hirse, Kaffee und Wassermelonen stammen ursprünglich aus Afrika.

Rezepte für glutenfreies Brot:

Rezept 1:

100 g   Haferflocken
80 g   Sonnenblumenkerne (oder: Kürbiskerne)
50 g   Leinsamen
50 g   Nüsse, gehackt
500 ml warmes Wasser
3 EL   Olivenöl
1 TL   Rohrrohrzucker (oder: andere Süße)
1 TL   Apfelessig
1-2 TL Salz
2-4 TL Brotgewürz nach Belieben (z.B. Kümmel-, Fenchelsamen)

Alles miteinander vermischen. 1 Stunde warm quellen lassen.

40-60 Min bei 180°C im vorgeheizten Backofen backen.

Rezept 2:

150 g   Hirsemehl (oder: Buchweizenmehl)
100 g   Quinoa (oder: Amaranth, geschrotet)
100 g   Leinsamen, geschrotet
100 g   Sonnenblumenkerne
50 g   Kürbiskerne
6 EL   Flohsamenschalen (oder: Chia-Samen, geschrotet)
500 ml warmes Wasser
4 EL   Olivenöl
1 TL   Agavendicksaft (oder: andere Süße)
1-2 TL Salz
2-4 TL Brotgewürz nach Belieben (z.B. Kardamom-, Mohnsamen)

Alles miteinander vermischen. 1 Stunde quellen lassen

40-60 Min bei 180°C im vorgeheizten Backofen backen.

Verwendete Zutaten:

Obst und Gemüse: Vitamine, Mineralstoffe & Ballaststoffe

Apfel (S.28, 40)
Açai-Beeren (S.14)
Banane (S.12,14,27)
Cranberry (S.12)
Datteln (S.40)
Heidelbeeren (S.12,14)
Himbeeren (S.12)
Jackfruit (S.42)
Limette (S.14,26,42,44)
Orange (S.14,30)
Rosinen (S.42)
Zitrone (S.30,32,34,
            S.48,50,56)

Avocado (S.22,36,54)
Aubergine (S.16,22,50)
Blumenkohl (S.38,48,50)
Brokkoli (S.42,48,50)
Frühlingszwiebel (S.30,34)
Grüne Bohnen (S.58)
Grünkohl (S.14,32)
Gurke (S.24,48,54,52)
Karotte (S.14,24,28,30,40,
            S.44,46,52,54,58)
Kartoffel (S.18,28,36,38,
            S.40,42,44,56)
Kürbis (S.30,44)
Lauch (S.40,46,58)
Mais (S.12,26,32,48)

Pilze (S.48,50,54,56)
Paprika (S.16,22,28,36,
            42,46,48,50,54)
Rote Beete (S.14)
Salat (S.18,,24,54,52)
Sellerie (S.18,46)
Spinat (S.20,32)
Sprossen (S.50,54)
Süßkartoffel (S.20)
Tomaten (S.22,24,26,32,34
            S.36,42,44,46,48,56)
Zucchini (S.22,44)
Zwiebel (die meisten Gerichte)
Weißkohl / Weißkraut (S.30)
Yams-Wurzel (S. 27)

Hülsenfrüchte: Proteine, Mineralstoffe, B-Vitamine

Kidney Bohnen (S.42,36)
Kleine weiße Bohnen (S.46)
Riesenbohnen (S.24)
Schwarze Bohnen (S.14,36,52)

Erbsen (S.40,48)
Linsen (S.34,52)
Kichererbsen (S.28,34)

Getreide: Mineralstoffe & Ballaststoffe

Hafer (S.12,14,18,38,40,52,65,60)
Hirse (S.58,60)
Mais (S.12,26,28)
Quinoa (S.20,60)

Amaranth (S.60)
Buchweizen (S.12,34)
Reis (S.14,16,22,28,30,32,34,48,54,56)

Samen, Kerne & Nüsse: Mineralstoffe und essentielle Fettsäuren

Cashew (S.14)
Chiasamen(S.20,60)
Erdnüsse (S.32,58)
Flohsamen (S.60)
Haselnuss (S.22)
Kokos (S.28,30,50)
Kürbiskerne (S.44,60)
Leinsamen (S.18,60)

Macadamia (S.12)
Mandeln (S.22,28,40)
Paranüsse (S.14)
Pinienkerne (S.34)
Pistazien (S.44,58)
Sesam (S.16,20,34)
Sonnenblumenkerne (S.60)
Walnüsse (S.40)

Gewürze: Vitamine, Aromen & Förderung der Gesundheit

Cayenne Pfeffer (S.34)
Chili / Aji (S.14,26,28,34,36,42,44,48,52)
Curry (S. 28)
Basilikum (S.40,48)
Dill (S.46)
Ingwer (S.16,28,30,44,50)
Kurkuma (S.28,32,38,44)
Kumin/Kreuzkümmel (S.28,32,34,52)
Kardamom (S.28,44)
Korianderkraut (S.16,28,32,42,44,52)
Knoblauch (die meisten Gerichte)
Majoran (S.22)

Muskatnuss (S.38)
Oregano (S.22,24)
Rosmarin (S.18,22)
Paprika-Pulver (S.46)
Petersilie (S.34,40,46,48)
Safran (S.48)
Satureja (Bohnenkraut) (S.22)
Thai-Basilikum (S.50)
Thai-Curry (S.50)
Thymian (S.22,24)
Zimt (S.40,44)
Zitronengras (S.50)

Salz: Naturbelassenes Steinsalz oder Meersalz

8 Alternativen zu weißem Zucker:

Agavendicksaft
Apfeldicksaft
Birkenzucker
Dattelsirup

Kokosblütenzucker
Rohrohrzucker
Stevia
Zuckerrübensirup

Bildnachweis:

Fotos: Nina do Sol
Titelbild: Nina do Sol

Literatur-Verzeichnis:

1. T. Colin Campbell und Thomas M. Campbell :
   „China Study: Die wissenschaftliche Begründung für eine vegane Ernährungsweise", 2017.

2. Rüdiger Dahlke: „Peace Food - Wie der Verzicht auf Fleisch und Milch Körper und
   Seele heilt ", 2011, Gräfe und Unzer Verlag.

3. Karl J. Dr. med. habil. Dr. Probst : „Warum nur die Natur uns heilen kann:
   Wissenschaftliche Fakten zur Entstehung von Krankheit und Gesundheit", 2016.

4. Niko Rittenau: „Vegan-Klischee ade!: Wissenschaftliche Antworten auf kritische Fragen
   zu veganer Ernährung", 2018, Ventil-Verlag.

5. Anthony Williams: „Medical Food: Warum Obst und Gemüse als Heilmittel potenter
   sind als jedes Medikament. 2017, Arkana-Verlag.

6. WWF: „Fleisch frisst Land", 2014,
   www.wwf.de/fileadmin/fm-wwf/Publikationen-PDF/WWF_Fleischkonsum_web.pdf
   www.wwf.de/fileadmin/fm-wwf/Publikationen-PDF/wwf_studie_wasserfussabdruck.pdf

Dokumentarfilm-Verzeichnis zum Thema vegane Ernärung:

- „What the Health", 2017
- „The End of Meat - Eine Welt ohne Fleisch", 2017
- „Gabel statt Skalpell- Gesünder leben ohne Fleisch ", 2015
- „Los Veganeros", 2015
- „Cowspiracy - The Sustainability Secret ", 2014
- „Live and Let Live", 2013
- „Food Inc. - Was essen wir wirklich?" 2008
- „Earthlings", 2005